Animales sueltos

por Jiang Qingling
ilustrado por Rusty Fletcher

HOUGHTON MIFFLIN　　BOSTON

Era casi el final del día en la escuela. Antes de irse, los alumnos de la clase de segundo año del señor Kong tenían que limpiar las jaulas de las mascotas.

2

Jen, Tommy, Karol, Mónica y Jimmy limpiaron las jaulas. Pusieron agua y comida en los platos, quitaron el polvo y colocaron virutas en las camas de las mascotas.

Mientras tanto, Amy y Víctor cuidaban y jugaban con Hámster, Jerbillo, Lagartija y Ratón.

—Me gustaría que pasáramos más tiempo aquí
afuera juntos. Podríamos jugar toda la noche y no
dormir nunca —dijo Ratón.

Los demás animales asintieron con la cabeza.

 Cuando los alumnos terminaron de limpiar,
colocaron de nuevo a Hámster, Jerbillo, Lagartija y
Ratón en sus jaulas. Ya era hora de que los niños se
fueran.

 Los niños recogieron sus cosas y el señor Kong
les dijo que podían salir.

—¡Hey! ¡Mi jaula está abierta! —exclamó
Jerbillo.

—¡También la mía! —dijo Lagartija.

¡Los niños tenían tanta prisa por irse que se les
olvidó cerrar las jaulas de las mascotas!

Jerbillo se subió sobre su jaula y saludó con sus dos patitas. —¡Hay tanto espacio aquí afuera! —dijo Jerbillo. Entonces oyó un ruido muy fuerte. ¡Era Ratón!

—¡Uyyy! —gritó Ratón, mientras se deslizaba
por la pata de un escritorio.

—¡Es como la resbaladilla que usan los niños en
el patio!

Las demás mascotas se pusieron rápidamente en
cola y se deslizaron tras él.

Después de dejarse caer por la pata del escritorio.
Lagartija exclamó: —¡Vamos a jugar a "Tú la traes"!

Los demás animales se sentaron en círculo
mientras Lagartija iba contando: —¡Uno, dos, tres, tú
la traes! —gritó mientras tocaba a Ratón.

Ratón la persiguió, pero Lagartija corrió mucho
y no la alcanzó. ¡Los animales estaban pasándola
muy bien!

Los animales continuaron su aventura y se fueron a explorar el salón.

Jerbillo y Lagartija se sentaron en el suelo y se pusieron a jugar a la pelota. Hámster y Ratón se fueron a ver los libros.

Los animales decidieron jugar a "roña", a "luz roja, luz verde"; después, a "Simón dice". Habían aprendido esos juegos viendo a los niños. Los juegos eran divertidos, pero también les cansaban.

—Es hora de cambiar de juego. Vamos a jugar a las escondidillas —dijo Jerbillo.

—Pido mano para contar —dijo Hámster.

Hámster se tapó los ojos con las patas y contó en voz alta hasta treinta.

—¡Allá voy, listos o no! —gritó.

Hámster buscó por arriba y por abajo. Se arrastró entre los libros, los escritorios y las sillas. Buscaba por todas partes, pero no encontraba a sus amigos. A los diez minutos de buscar, Hámster gritó: —Esto ya no es divertido. Salgan y jueguen.

Nadie contestó. Hámster estaba aburrido. Se sentó en una silla para descansar.

—¡Sorpresa!—. Ratón, Jerbillo y Lagartija saltaron del interior de un escritorio y asustaron a Hámster.

Hámster dio un salto del susto.

—¡No me hagan eso! —les reclamó —, pero Ratón, Jerbillo y Lagartija estaban tan ocupados riéndose que ni lo oyeron.

—¿Le ganamos, verdad? —preguntó Ratón a Jerbillo y Lagartija. Los tres seguían riéndose.

Por fin Hámster empezó a reír también. ¡Esa broma era muy divertida!

Después de eso, Ratón, Jerbillo, Hámster y
Lagartija escogieron, cada uno, una silla para tomar
una siesta. Tenían ganas de descansar.

Sin que se dieran cuenta, se hizo de día y el
señor Kong y los alumnos regresaron a la clase.
¡Ratón, Jerbillo, Hámster y Lagartija se habían
quedado dormidos en las sillas!

Los alumnos recogieron rápidamente a las mascotas y las pusieron en sus jaulas. El señor Kong dijo:

—Todos tenemos nuestros trabajos especiales y debemos tomarlos en serio, ¿verdad, niños?

—Nunca vamos a volver a dejar las jaulas abiertas —prometió Jen—. ¡De ahora en adelante, vamos a ser más cuidadosos!

—Lo sentimos mucho, señor Kong —añadió Mónica.

—Tuvimos suerte de que los animales no se lastimaran ni se perdieran —dijo el señor Kong.

Desde ese día, los niños tuvieron más cuidado con sus mascotas. También las dejaron salir a jugar más seguido. ¡Así estuvieron todos más felices!